Esipuhe

Tämä kirja on omistettu rakkaalle vaimolleni ja lapsilleni.
Pitää yrittää tuottaa viihteellisiä runojakin, joiden ei aina
tarvitse olla

Kalevalalaisten runojen mustaa paatosta ja kaavaa. Kiitän
johdatuksesta kirjallisia

ohjaajiani, joiden kirjojen johdatuksella itsekin uskalsin
kynään tarttua. Niin siis sanottuna kynään, näppäimistöhän
tämän tuotoksen on tietokoneen sisälle

taikonut. Kiitos hienoista kirjoista. Stephen King, Douglas
Adams, Dan Brown, Markus

Kajo sekä Juha Vuorinen. Kaikki vaikuttaa kaikkeen,
ihmissuhteet vapaalla, työssä ja vaikka opiskelussa
vaikuttavat siihen

miten maailmaa kuvantaa, kokee, näkee ja se muokkaa meitä
toivoen, kohti eheämpää ja täydellisempää ihmistä, joka
tekee toivoakseni

sen oman taivas paikkansa täyttymyksen joka päiväisessä
elämässä. Kiitos ystäville, työkavereille, naapureille, suvulle ja
viime aikoina myös opinto kavereille ja tätä kautta uusille
työkavereille.

Terveisiä myös Raahen kaupungin kirjastolle.

Toivotan lukijalle pitkää ikää ja toivon, että jokin runoissani
saa ajattelemaan maailmaa hiukan eri tavalla. Be well..

Talviyö

Lumihiutaleet jokeen satavat..

virta vie ne mennessään kuin

hatarat muistot.

Muisto eilisen tuo mieleen sinut,

huulesi muodon, lämmön,

veden tumma syli säteilee kimmeltäen

kuun valoa,

silmäsi sädehtivät samaa taikaa...

sydämeen se sai ikävän aikaan,

Odotuksen onnea sielu halajaa,

syliin rakkaan kutsuu palaamaan..

Ei! (Perkele)

Narskuu lumi nastakengän alla,

pakkanen kirii, yltyy viima..

pakottava tarve lenkille vie..

matka taittuu, pitkäkin lie,

juoksuaskelta ottaa, kolottaa,

maitohappo voiman jaloista polttaa,

keuhkoon pistää, rintaa vihloo..

astmapiipun etsii, kiskoo...

ei tunnu polte ei kipu vaan

mieltä ahdistaa raaka piru

se kettumainen kateus mieltä vihaa

naapurin uus Bemari tiel heidän pihaa.

Viinan kajo

Se kajastaa kirkkaus suuri
vaik eessä olis seinä, muuri

se kirkkaus perheet jakaa,
ajaa alas ilman ikärajaa

viisaskin siihen sokaistuu
mailmaan muuttaa, puutuu

juurtuu mieleen heikkoon kuin
maan sokea routa

sieltä kaukaa se kirkkauttaan jakaa
kivisten seinien, muurien takaa

alkoholiliikkeen hyllyssä pullo
sen kirkauden siihen piru sullo.

Kullankaivuu

Baarissa hakkua heiluttaa

mies joka kultaa hamuaa

juonne suoneen on homman juoni

kun nyt löytyis se elämän muori

hakun kun kiveen iskee ja toivoo

ei liian pien rintaista tulis, loivoo

äheltää saa ja etsiä kauan,

kännissä viereen saa kauheimman naudan

vaan tuuri se on jonkun soma

joskus natsaa, on vieres kulta oma

Kevät

Talven tapaa kevät,

kevät raikas vihreä

mieli sulaa mustan mielestä

lumen mukana, onneen ojentuen

(Puro solisee, pienestä kasvaa

noro sohjon sulaessa voimaa lastaa

suuren virran tekee monet,

purot pienet..kosket)

maa herää, nousee usko uuteen

valaa voimaa toimeikkuuteen

miehen mieleen kevät uuttuu

autokuume se vain puuttuu

Synnyin sopimus

Uusi elämä taipaleen alkaa

kirjoittamatta nimeänsä, luvan antaa

 veronmaksajaksi maahan

jäseneksi seurakunnan

koulupakko

 sotaväki

tiesikö vauva, kuuli tai näki

 et mihin maahan syntyä saisi

luvan kaikkeen antaisi...

puolesta maan äidin ja isin

vauva isona taistella saa

vaan eikö sittenkin rauhaisampaa

jos kaikki enemmän leikiksi vaan

 elämää rakentais tahollaan..

jäis historiaan rajat pahoillaan

Potenssi

Mihin potenssiin lasketaan

kun mustasukkaisuutta annetaan?

 Jos joku jakaa väärin ja siitä kertoo

ei ole sitten siinä ahdistuksella vertoo

unet kun menee tai painajaisiks muuttuu

verenkierto se laskee tai puuttuu

 miten siis ynnätään tähän..

kun potenssiin vaikuttaa se vähän?

Siin on vaikeuttaa vaimoonkin tulla

kun korppu on lerpumpi antaa vain sulla

 eipä auta viha, ei uho,

itsetunnolle koittaa kauhea tuho..

 on vaikeutta siis tulokseen yhtyä

saatikka sitten seksiin ryhtyä

...kele.......

Vaarallinen vaahtera

Pikku poika oksan taittoi

katkottuaan, maahan laittoi

Vaahtera nyt kipuaan

hiljaa joutuu purkamaan

koston kierre mielessään

miettii mitä tehtäiskään

vuodet vieri, poika kasvoi

vaahterakin vantteroitui

kovasti vaan rungossaan

vaahtera miettii aatostaan

kovan talven jälkeen vaahteraan

jäi lehti viluissaan

kevät tuulen puhallus

ja lentoon lehti, viuhahdus

puhureissa pyöri lehti

hyvä jos näkemään ehti

pellon yli lensi, kaksi

matka muuttui ankaraksi

pysähtyä nyt ei saata

lentoon taas hyvästeli maata

vaivoin ohjas lentorataa

lehti pieni, huusi ha haa

laskeutui puistoon pikku jäälle

astui teini lehden päälle

kuului oiva mätkähdys

onnistui vaahteran yllätys!

Tehtävä suoritettu

Karavaanarin onnen potku

Kesä lämmin

auto kuuma

suuntana Eskiltuna

sukulaisiin pitäis ehtiä

matkaan lähtö keskel savon metsiä

auto täynnä ihan tukos

vaimon syy on tämä tulos

onneksi on ilma hieno

tuulen vire, lämmin vieno

matkaan siis tämä lauma

parissa päivässä perille olis sauma

matka taittuu kuluu tunti

vaikuttaa et olis hyvä rundi

vaan eikös pamaus renkaan
vaunun kuulu tosiaan

onnessaan nyt perheen uros
syöksyy autostansa ulos

tunkki nyt täytyy ehtiä
vaimo auttaa, lukee lehtiä

vauhdilla tunkin laittaa
vipuvarren kiinni taittaa

salamana nyt vauny ylös
renkaan vaihto ja kiittää työs

vaan kiireessä tunkin jalan alle
on jäänyt kuskin varvas, voi KALLE

liian nopea oli nosto

virhe tuli, kipu, kosto

tuurissansa tuskissaan

kuski heittää veiviään

kunnes hoksaa pentele

sattuu, sattuu varpaalle

nyt perhe apuun ryntää, nostaa

vaunuu ja työntää

isä saadaan pelastettua,

huudoin kauhein autettua

mut tuli siitä matkamuisto tämä

pottuvarvas musta rämä

......

Mahdanko muistaa sen

oven viimeisen napsauksen

elämä kun muutoksen teki

kodin jätin ja lapsuus jäi

oli rinta niin laajana,

maailmaa suurena

kaikki ovet avoinna

väärät lopuksi valittuina

opiksi jos kaiken ottaa

viisaaksi mut pitäis huutaa

valita jos voisi uudelleen sen

hetken, oven viimeisen napsauksen

Ajan kanssa

Miks aikaa ei kelata voi

hutiloiden jos aikansa pois soi

ottaa takas ja tehdä paremmin vois

hetket kaikki et paremmin ois

vaan olisko sittenkään paremmin

jos kaikki olis tehnyt lailla laudaturin

ehkä onni kumpuaa sittenkin siitä

ettei aina kaikki tehdyt asiat riitä

ei siis rahan perässä juostessaan

ihminen olekkaan aidoimmillaan

vaan kölletellen ja rauhoissaan

oikein ajan kanssa makoillaan

Niin...

Lähdit..

mietin missä olet menossa

kahvikuppiisi huulesi jälki,

tunne rinnassani läikkyy

kenkäsi on menneet,

ikävä painaa raskaana

takkisi halkoo tuulta,

olisitpa vierellä, lähellä

kaipaus, kaipaan, odotan...

.....

että työpäiväsi päättyy :)

sitä se rakkaus teettää

Työpaikka

Häviävää kansanperinnettä

siitä tulevaisuus tekee viihdettä

käyntikierroksilla opas näyttää

missä työpaikkoja esi-isät osasi käyttää

automatiikka työt kun tulevaisuudessa tekee

työpaikat museoituna historiaan menee..

räjähdysmäisesti yksi asia loppuu,

sairaslomat, mut siihen tottuu

lounastauot ne viedään kaikki,

robotilla öljynvaihto on breikki..

automatiikka nyt tekee sen,

ihmisen loma on ikuinen

Pyyhekumi

Edustajaksi ken tahtoo mennä
sitä ei rehellisyys tahdo lähennellä

kun vaalien eellä hyhmässä ryntää
ihmismassoille soopaa lykkää

vaan vaalivoitosta kun totuus kiirii
häipyy lupaukset, kääntyy viiri

Keväällä sulaa jää ja lumi,
pyyhkii lupaukset edustajan kumi

tuo kumi on näkymätön juttu,
toimii aina vaalien jälkeen, se on tuttu

Kuolema

Kuolema korjaa vaivaisen ja väsyneen

liian nuoren tai ikäihmisen

ei katso paikkaa, ei ilmoita

harva siihen on edes valmiina

kaunein kuolema kuulemma tulee unessa

syvässä piilossa piilee painajaisessa

elinpäivät se silloin täyttää,

keskisormea elämälle näyttää

varmaan riipii silloin mieltä,

jos ei oo käyttänyt oikein elon teitä

 asiaa kun ei voi siinä enää riitauttaa,

ottaa mukaan omaa asianajajaa...

vai voiko?

Tipaton

Tammikuu, saavutus

helmikuu, no se on jo ponnistus

hyvältä jo kroppa näyttää

tipaton kun kuukauden täyttää

absolutistia naurattaa,

kun tipaton kärsiessään itkun aikaan saa

yhdessä paikassa ainoastaan

tipatonta ei onnistuun saa

sairaala

Mainostus

Mainostus jo paikat täyttää

katsastuskin sitä käyttää

tavutukset vuorollaan

vievät taasen mainontaan

kolme on sen tavua

 valmiina jo vuorossa

kat--- Catepillarilla mainostaa

sas--- lentoon nimen saa

viimeinen tavu myös tää

tus---Turun suunnistajille jää

XD

Reinkarnaatio

Entäs jos sul elämiä
onkin ollut enempiä

yhden niistä päättyessä
tarjoo luojas pisteitä

kertyneitä on ne hyvistä..
teoista niistä entisistä eloista

ennen uuteen elämään menoa
saat valita uusia tehoja

miljooniako rahaa kassaan
vai lapsia pieniä kasvattaan

muistelet aikoja onnettomia
ja päätät, nyt lapsosia

ne on elämän kultaa

siis valitaan se ja uuteen aikaan

synnyt siis uudelleen ja elämäs alkaa

siitä rintamaitoa ja nostamaan jalkaa

muista et mitään luojasi toimista

mut elämä vie ja kohta on perhe jo voimissa

vaimo on rakas ja lapsia kuusi

ei haittaa vaik talo ei oo uusi

mut mietippä sitä hetkinen...

jos sun oma lapsukainen..

olis vaikuttanut omaan valintaan,

ois ottanut sinut isäks ainiaan

ja äidiksi vaimos tosiaan

Polku

Humaltuneen illan jälkeen
saatille pääsit jälleen

saat lupauksen ja toivot tovin
ettei tulis yritettyä kovin

et kaikki menis penkin alle
tai jäis ulos taivasalle

saavut pian polun juureen
astut toiveikkuuteen uuteen

astut sisään kasvuston
tunnet polku edes on

jatkat matkaa ja puristaa
takki pieni kulkijaa

alkaa satamaan mut lämmin on

olo hiukan levoton

onnen hetkiin matka johtaa

mitä polun päässä kohtaa..

löydät reitin pään ja tulos

hyppimään nyt kaikki ulos

lyhyeen loppui se luontoretki,

nyt ovi eessä, loppui se hetki

taas alkoi poika hosumaan

liian ennen onneaan

Mörkö

Pikkupoikana minäkin

pelkäsin mörköjä tietenkin

sängyn alla ne asustaa

meinaavat sieltä kurkistaa

vaan loppui niiden relletys

keksin idean, yllätys

isältä lainasin jakaria,

tein sänkyyn vähän muutoksia..

jalat pois sängystä kokonaan

niin sänky on lattiaa vasten aivan vaan

sängyn alla ei mörkö mahdu asumaan

tai jos asuu, ei pääse kyl poistumaan

alkuihminen?

Mikä kumma se saa solmuun ihmisen,
tekemään väkivaltaisen toimituksen?

Onko mieli vajaa, pielessä
vaan onko rasitus geeneissä

jos ajatus ei luista
teet kuolleen muista

voiko vaajaa älyisen tappajan tulos
olla ja päästää Nederdalin ihminen itsestään ulos

geenit sen ihmisessä merkkaa
jopa 4 % eurooppalaisissa on vikaa

vanhan geeniperimän
sekö tekee susta kitkijän?

Hiirenvällä

Talossa harmaassa

kello naksuttaa

uni ei tule..

alakertaan varpaisillaan

maitoa tilkan lämmitän

hörppäys katkaisee mietinnän

haukottelen

ramaisee

kohti yläkertaa

raahustan

mietin vielä sitten tässä

mitä olin miettimässä

......

Eilen sen viritin

tänään sen unohdin

naps

Munalukko

sinut aikaa sitten näin
olin kääntyy väärin päin

kaukaa katsoin, haaveilin
lähestyä tuskin uskalsin

siirron kun aikaan sain ensimmäisen
jännitin, lakkaisiko täriseminen

onnen sinulta sitten sain
seurusteluun kun lupas tuli vain

vuosia, lapsia matkallamme on
rakkautta, muistoja.. onni loputon

mutta jännä asia päättyy suukkoon,
sovin sinuun aina kuin avain lukkoon

Onni-epäonni

Kulkijaa elämä kuljettaa,

minne tahtoo ennen manalaa

 onniko meitä matkassa kantaa,

vai tuuriko siipeensä suojaa

                              .

mut ihmeesti elämä välillä kolauttaa

johtuuko se ettei osaa onnea tavoittaa

 elää kuin pellossa, varastaa

alistaa, teloo, loukkaa

 hyvälle ei onni myöskään aina kanna

ei karma kaikkeen ehdi, anna

mut eräs asia voi koko miehen kaataa,

se juttu kyllä tunnetaan..

 ei, ei kyse ole Heikki Harmasta..

vaan nyt puhutaankin Karmasta....

..Noora

Muisto

miten voi tuoksu tuoda muiston mieleen,

olin seisahtuneena oven pieleen..

nenäni tunkeutui tomaatin tuoksu,

mieleen vierähti lapsuuden juoksu..

vaarilla ja mummulla kylässä oltiin,

kauppias vaarini talliin kun tultiin

lattiasta kattoon oli laatikkopinot..

tomaatteja täynnä, ei olleet kasat vinot..

oli naperona saavutus kolme laatikkoa kantaa..

40 vuoden jälkeen näin muistot mieleen antaa..

tyhjä on katse, mieleni lentää

oi jos menneisyyteen voisi entää

menneet on mummu, sekä vaari

on se ikävä tämä elämän kaari.........

sydän särähtäen

tunnen ikävän, sen

tomaatin tuoksun muistojen

Korkein voima

Uskonto luo sääntöjä

että elettäisiin ihmisiksi

 vaihtoehtoja on monia

vaikeita on valintoja

uskonto tulee usein äidinmaidon mukana

tai sitä tuputetaan joka oven takana

 mut oletko ajatellut asiaa niin

ettei pyhä kirja olekkaan oikeessa siin..

että vaikka..

istuu hän isä jumalan oikealla puolella

ja on sieltä tuleva tuomitsemaan eläviä..

ja kuolleita..(jeesus)

vaan kuka se määrää kaiken aseman

istuu vaimo, jumalan puolen vasemman!

Sosiaalinen media

Oikein käytettynä se seuraa antaa

vaan väärin, se voi onnen tappaa

sivustoilla juttua, naurua pulinaa..

salaviesteissä suhteiden kaaduntaa

niin kuin pikkujoulut vuoden läpi rehottais

ihmissuhteiden kohtaloilla pelattais

etsitään uutta parempaa,

vaan sitäkö netistä aina saa

kaikki tuntuu siel mahtavalta

ei löydy parempaa taivaan alta

entä totuus, kun eteen napsahtaa

samanlainen uusi siippa eteen tupsahtaa

pahemmassa tuurissa vaihdon tila,

voi olla todella huono pila

et voi tietää mitä sulle kerrotaan,

onko kaikki oikein, valehdellaan

onko ruoho vihreämpää naapurissa

kysyy netissä nimimerkillä naiskissa

Narsisti

olen tuntenut,

aina vartonut...

et joku muu tutuista

uskoisi uutista

että seuraappa ja tiedosta tämä,

ei ole rehellinen tämä ihmisrämä

hän puheellaan voi suunnan kääntää,

sinusta syyllisen vääntää

ei auta ystävälliset teot hänelle,

puukko tulee myös ystävän selälle

aina saat varpaisillaan varoa

ettet saa toisen puolesta torua

vaan saahan sitä aina toivoa

että totuus tekisi joskus tuhoa

ja kääntäisi nenän niskaan

narsistilta, totta tosiaan

Leikit

On leikit muuttuneet..

sähköistyneet

 yhteisleikit, lorut

nyt on liittimien kanssa porut

twistinarut, nelimaali

tänään kuivuu silmä, kipeytyy kaali

 ennen oltiin toista lähellä,

me vain netin välityksellä

hippa, piilosilla tai entten tentten

unohtua voi, ellen....

minäkin opeta niitä lapsilleni

jotka opettaa voi ne lapsenlapsilleni

siis opeta, leiki, menkää ulos...

tärkeintä maailmassa ei ole donkey kong tulos

Painomuste

Postimiehenä aloittelin,

työuraa..kuitenkin

 työ oli haastavaa

riippui säästä aina vaan

pakkasessa, tuulessa

helteessä, sateessa

 kunto nousi kovaa

postia kun jakaa

aamupostia kun kerran jaoin

vesi sateessa pyörän kanssa tarvoin

 kaatui täysinäinen lehtilasti

suoraan rapakkoon, roiskahti

 vaihtoon viedä kaikki lehdet

piti silloin, ottaa uudet

vaan silloin painoi muste!

Kännisen moka

Juomaa liukuhihnalta

jalat meneekö alta...

kännissä ei iskurepliikeillä ole rajaa,

mies kun ottaa, niin vaikka autolla ajaa

elimistön tislaus on päällä

ei oo välii säällä

epähuomiossa illan tulos...

on antaa ruokatilaus ulos

huvittaa jo pizzerian väkeä

kun alkaa öykkäri punaista näkeä..

tilaus kun ilmoille kajahtaa:

sinappi, ketsuppi, kurkku ja sipuli

myös muut tilaajat nauruun ratkeaa

Yö

Pimeys tienoot kietoo silkkiseen mustaan,

valvova ei pääse irti ajatuksestaan

ei kuulu ääniä, ei risausta

kaikki on vain tyyntä

tuntuu, kuin hiljaisuus muuttuisi ääneksi

joka tunkee korviin paineella..ilman pihaustakaan

ehkä savuke rauhoitaa

ulkona on kylmä, pakastaa

hiipii levottomuus, entä jos..

tulla susi voi tai karhu, ulos

taitaa olla huonompi tuuri sillä saumalla,

kuin se että voittaisi lotolla

kituuttaa tunnit hiton hitaasti..

niitä kun varrot aamuun asti

lampaita alat laskea,

ei, nyt vaivaa nälkä sitten poskea

vähän ennen sarastusta vaivut uneen...

juuri, juuri ennen sitä kun on aika...

heräämisen

on päivä, horteessa hortoillen

Kärpänen vs. hyttynen

Mikä se on saanut sen,

kärpäsen tai hyttysen

kilpailemaan ihmisen kehosta,

sen piinaamisen tehosta...

kuka on käskenyt kumpaakaan noita,

seuraamaan geenien tupinoita

että ärsytä, ärsytä taitavasti

ärsytä illoin....aamuun asti

kyllä siinä ilmoille lentää yksi kolmaskin asia

Perkele! ja jatkat huitomisia

Erinin ikävä

Meni lapsi yökylään

leikki siellä tieten myöhään

 tuli ikävässä viesti, kaksi

olikos tuntenut olon hankalaksi

 oli pyörinyt unta odotellessa tunnin toista,

eihän valvominen vaivaa poista..

 kotiin kun tulit, sinä utelit milloin

oliko muut syöneet jäätelöä silloin

 sanoin että emme,

koska odotimme

 että pääset kotiin pikku kulta,

ettei uuvu jäätelö sulta

 seisot siinä, tyttö pikkuinen

pääsi kallellaan hivenen

 hymy pieni siintää

kaunis kyynel silmää piirtää

hassu rakas lapsukainen

ikävä oli meilläkin suloinen

Ei rajaa

Jumala loi taivaan ja maan
ei rajannut, ei puomittanut

ihminen loi rajan, loi aidan
teki itsestään saidan

näki rikkauden oven
ja sen eteen vaivan

puolustaa omaansa
vaikka asein

katsoo maailmaa läpi
pinkein lasein

nuot kakkulat rajaa,
pois nälkää, vaivaa

estää tuen annon..

vahvistaa rikkauden osingon

viel lentää lintu vailla esteitä

vapaana, kaikkeutta siivillään halkoen

maassa, ihmispoloinen

rajaa pienen taimitarhasen

ei pääse sinne ees matonen

Paljon melua tyhjästä

Pihinää puhinaa

raiskettä pauketta

irti ei saa kiinteää ainetta

pinnistys

punastus

kauhea mekastus

toivoa, tutinaa

vaivoja, rutinaa

täytetä ei tällä kaivoja

kärsitään ilmavaivoja

Eilen hetkenä pienenä,

istui pitseriassa pöydässäni tyttö

hymyili hieman..

kauniin katseen soi

sydämmeeni kuvan kauniin loi

ikuistin kuvasi sievän tuon

sieluuni paikan sille suon

Kaunista aamua

nuppuiseni

pienelle

huomenta sinulle koetan toivottaa

olispa ees suklaata tai kukkaa

satais ees maailma kauniimmat

lumihiutaleet kun viet lapset..

laulakoon tuuli sinun korvaasi

serenaadin vain sinulle

aurinkoa aamuusi

rakkautta rintaasi

hei sinä pieni kesätyttö

odotan sinua ja kesää saapuvaksi,

pellon reunaan mökkimme, aamuksi

sinut kasteiselle pellolle vierellä kulkien,

viltin levittäen, sinut syliin sulkien..

huulet kohtaisi usean kerran,

värähtelisimme nautinnosta sen verran..

ett läheisyys muuttuisi sisäiseksi,

pellon ympäri mylläämiseksi..

raukeina rakastelusta makoillen

auringon nousessa, linnut lennellen..

korista kaivaisin kahvi termoksen,

sinulle, rakkaalle tarjoaisin kupposen

lämpö juoman ja aamun auringon

herättää päivän ja sulle kerron:

Anteeksi kun olen vaivasi sun..

mutta rakas, kaikkeni olet mun :)

Kustantaja: BoD – Books on Demand, Helsinki, Suomi
Valmistaja: BoD – Books on Demand, Norderstedt, Saksa
ISBN: 978-952-330-194-8